Подорожуємо з Йосипом

через Адвент

Самюель Шефер
Ілюстрації Кайли Вібе

Siretona
CREATIVE

Видано Siretona Creative · www.siretona.com
Жовтень 2022

Шефер, Самюель,автор.
Подорожуємо з Йосипом через Адвент/ написано Самюелем Шефером; ілюстрації Кайли Вібе

Англійська версія
    978-1-988983-71-4(М'яка обкладинка)
    978-1-988983-66-0(Тверда обкладинка)
    978-1-988983-56-1(Електронна книга)

Переклад німецькою Йоханни Вібе
    978-1-988983-57-8(М'яка обкладинка)
    978-1-988983-67-7(Тверда обкладинка)
    978-1-988983-59-2(Електронна книга)

Переклад українською Інни Дмитрієвої
    978-1-988983-58-5(М'яка обкладинка)
    978-1-988983-69-1(Тверда обкладинка)
    978-1- 988983-60-8(Електронна книга)

Переклад російською Інни Дмитрієвої
    978-1-988983-61-5(М'яка обкладинка)
    978-1-988983-68-4(Тверда обкладинка)
    978-1-988983-62-2(Електронна книга)

Внутрішній дизайн і макет Джулі Карен · www.juliekaren.com
Дизайн обкладинки Кайли Вібе і Коллін Мак-Куббин

Надруковано у Канаді Van Pelt's Print Plus ·www.vanpelts.ca

Підготовано до продажу The Ingram Book Company

Зміст

Звернення до батьків

Як батько двох синів, я написав цю книгу, щоб розповісти моїм дітям про те, як Спаситель прийшов у цей світ.

Я вирішив розповісти цю історію від імені Йосипа і додати трохи моїх особистих роздумів над тими подіями.

Також я хотів створити спосіб розповідати моїм синам про їхню сім'ю та про те, через що доводиться проходити у житті їхнім батькам. Для цього після кожного дня я додав питання для обговорення, щоб долучити дітей до розмови про їхнє життя та життя їхньої родини.

Нехай ця книга допоможе вам виявити любов до ваших дітей та інших людей поряд з вами.

Самюель Шефер

Звернення до дітей

Кожного року у грудні люди – діти, батьки, хороші і не дуже друзі – святкують. Вони святкують щось особливе, що трапилось 2000 років тому. Не всі знають, з чого розпочалось це свято, і не всі повністю розуміють, що воно означає. Дехто святкує лише тому, що це роблять усі інші.

Ось чому я хочу розповісти вам історію про те, як все це розпочалось і, що більш важливо, яке це має значення. На щастя, коли все це трапилось, були люди, які робили записи та зберегли усі подробиці. Завдяки цьому, ми можемо знову і знову читати і перечитувати цю історію. Таким чином ми самі ніколи не забудемо її життєзмінююче і життєствердужувальне значення, та допоможемо запам'ятати її іншим. Нам варто особливо пам'ятати цю історію, крім багатьох інших текстів, які ми називаємо Писання, тому що вони говорять нам про те, що всі ми повинні знати і ніколи не забувати.

Кожного дня, починаючи від сьогодні і до Різдва, ми будемо розповідати вам частину цієї дивовижної історії. А також ми приготували питання для обговорення.

Давай обговоримо

Наприклад, запитай того, хто читає тобі, чи було у його житті щось таке, що він не хотів би забути? Попроси розповісти тобі цю історію, а потім уважно слухай. Можливо, хтось навіть захоче записати для тебе таку історію, щоб ти міг читати її і ніколи не забувати.

Йосип

Привіт, я Йосип. Я походжу з народу, що називають плем'я Юди, в землі Ізраїль. Дехто з моїх предків були великими царями і правили цією країною. Багато людей ще пам'ятають тих царів і, як добре було в ті часи. Але я не цар, як мої предки. Ті часи, коли хтось з мого народу був царем, давно минули.

В нашу країну прийшли римляни. Це дуже сильні і могутні люди. Ми повинні підкорятися їм та слухатись їх. Тепер римляни вказують моєму народові, як ми повинні жити.

Зараз я будівельник. Я будую будинки і можу допомогти людям, якщо у них щось зламалось. Я завжди маю роботу. Інколи я люблю уявляти, як би воно було, якби я був царем, а не повинен був будувати будинки. Але такі думки зараз небезпечні. Краще нікому про них не казати. Ми повинні прийняти римлян, як своїх царів. І хоч мені це і не подобається, але все могло бути і гірше.

А знаєте що? Я зустрів когось особливого! Вона така неймовірна, і я хочу одружитися з нею. Її звати Марія, і думка про неї робить все набагато кращим.

Давай обговоримо

Чи доводилось тобі переживати важкі часи? Як ти з цим упорався? Можливо, той, хто читає тобі, може розповісти про такий період у своєму житті.

Марія

Чи я вже розповів вам про Марію? Вона справжній скарб! І вона походить з того ж народу, що й я – з Юдеїв.

Походити з одного народу означає, що колись у нас був один батько, і знаєте, хто це був? Це був видатний воїн — великий цар Давид! Він довіряв Богу, і тому зміг подолати гіганта Голіафа. І тоді Давид ще не був царем, а був лише маленьким хлопчиком. Але цар Давид жив дуже давно, тож ми з Марією не є близькими родичами.

У моїй культурі насправді дуже добре, якщо ти хочеш одружитися з кимось зі свого народу. Адже весілля готують батьки, тож їм буде легше про все домовитись. Я маю спитати дозволу у своїх батьків поговорити з батьками Марії. Інколи батьки домовляються про весілля навіть до того, як наречені познайомляться один з одним. Тому так важливо отримати благословіння батьків, а інакше може трапитися біда, і не тільки для двох родин, а й для всієї громади, в якій ти живеш.

Марія не байдужа до людей та до того, що з ними відбувається. Вона дуже добре розуміє, про що вони думають та в чому мають потребу. А ще вона вміє готувати дуже смачний суп! Я такий радий, що ми вже офіційно заручені та можемо розпочати приготування до весілля.

Давай обговоримо

Що ти знаєш про родину, з якої походять твої батьки? Можливо, той, хто читає, допоможе тобі розповісти про це.

Єлисавета

Марія щойно пішла провідати декого з своїх родичів . Вона пішла побачитись з Єлисаветою.

Марія сказала, що Єлисавета при надії, тому вона іде допомогти їй.

Єлисавета одружена зі священником, котрий був обраний, щоб виконувати особливу роботу для Бога. Йому було дозволено входити до храму і знаходитись в присутності Бога. Від однієї думки про це у мене мурашки по шкірі. Адже люди вмирали в присутності Бога. Одного разу чоловік Єлисавети, бувши в присутності Бога, вийшов з храму і не зміг вимовити ані слова.

Так ось, Марія зараз з Єлисаветою, допомагає їй з дитинкою. Взагалі-то я не знаю, скільки часу вона там пробуде. Я тільки знаю, що Єлисавета вже немолода, і мати дитину для неї може бути небезпечно і, це вимагає багато сил. Тому зрозуміло, що Марія хоче бути поряд та допомагати. Я вважаю, що це добре. Марія багато дізнається про немовлят та навчиться від самої Єлисавети, як доглядати за ними. Це буде гарний досвід для неї, бо ми теж хочемо мати дітей. На жаль, нашим дітям не буде дозволено виконувати роботу в храмі, хоча вони і будуть належати до народу Юдеїв. Але, можливо, це й на краще, бо, здається, виконувати роботу в храмі може бути дуже небезпечно.

Давай обговоримо

Попрохай того, хто читає тобі, розповісти про особливу роботу, яку виконував хтось з твоєї родини.

Повернення Марії

Марія повернулася. Я був дуже здивований, побачивши її. Вона з'явилась так несподівано! Але щось змінилось.

Коли я привітався з Марією, вона розповіла мені про диво, що сталось. Коли у Єлисавети народилась дитина, усі зібрались, щоб почути її ім'я. Аж ось чоловік Єлисавети знову заговорив! Яка несподіванка! Захарій не промовив жодного слова з того часу, як вийшов з храму, бувши у присутності Бога. І ось він знову заговорив! Вочевидь, Бог зробив Захарія німим, бо він не повірив у те, що сказав йому Ангел у храмі. Ангел сповістив йому, що у Єлисавети народиться син, і вони повинні будуть назвати його Іван. Але чоловік Єлисавети не повірив у це, тому Бог і зробив його німим.

Це вже не перший випадок, коли чоловік не повірив, що у його дружини буде дитина. Дуже давно наш предок Авраам отримав обітницю від Бога, що у нього народиться син, і потомство його буде більше, ніж зірок на небі. Авраам мав пройти довгий шлях до віри в те, що це буде саме його син. Але наприкінці Авраам вже настільки довіряв Богу, що ладен був віддати свого сина назад Богу. Авраам знав, що Бог спроможний навіть воскресити його сина з мертвих, аби тільки виконати Свою обітницю.

Давай обговоримо

Чи легко тобі вірити? Можливо, той, хто читає тобі, може розповісти про часи, коли він вирішив повірити Божим обітницям.

ДЕНЬ
4

ДЕНЬ 5

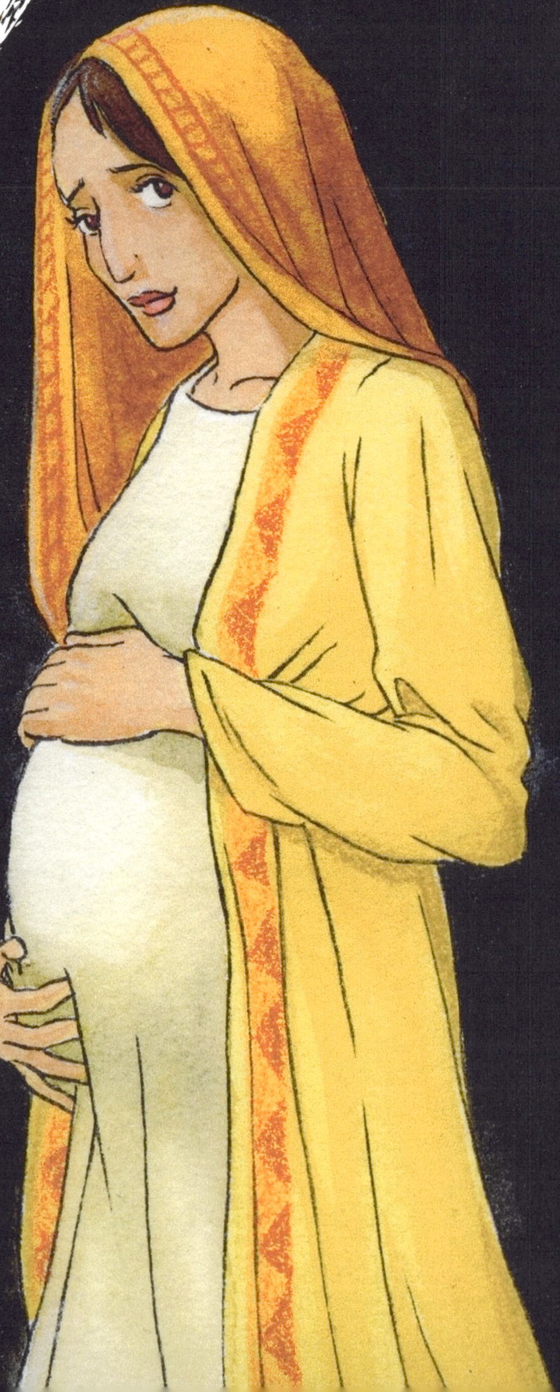

Марія очікує Дитину

Погані новини. Незабаром усе місто буде знати...

Марія щойно сказала мені, що вона очікує Дитину. Я не можу в це повірити! Як вона може мати Дитину з кимось іншим? І при цьому ми все одно маємо бути разом! Наше весілля вже сплановане, а тепер виявляється, що вона очікує Немовля. Я не знаю, як тепер маю вчинити. Можливо, я поговорю з її батьками, і ми знайдемо вихід з цих обставин. Тепер усі будуть говорити, що ми не дочекались, поки нас оголосять чоловіком та жінкою. Але ж це навіть не моя Дитина! Чому я все ще маю одружуватись з нею?

Я не можу розповісти про це старійшинам міста, бо вони покарають її за порушення обітниці не мати дітей з кимось ще. Вони можуть навіть вбити її. Я чув, що таке траплялось з іншими. Я не хочу, щоб таке трапилось з Марією, але чому вона вирішила мати Дитину без мене?

Це жахливо! Можливо, мені вдасться просто зникнути і лишити Марію з її батьками. Тоді вона зможе сама пояснити ситуацію, в яку нас втягнула. Гадаю, так я і маю вчинити. Таким чином, ніхто не буде покараний.

Давай обговоримо

Як ти гадаєш, чи легко говорити правду? Чи краще залишити проблему, з думкою, що все якось саме владнається? Можливо, той, хто читає тобі, може розповісти про таку дилему в його житті.

Марія розповідає свою історію

Чи розповів я вам вже, як Марія пояснила, чому в неї буде Дитина?

Марія сказала мені, що перед тим, як вона пішла допомогти Єлисаветі з дитиною, до неї прийшов Ангел. Вона сказала, що цей Ангел сповістив їй, що у неї має народитись Син і вона має назвати Його Ісус. Його називатимуть Сином Всевишнього, і Він буде Царем від трону Давидова, в якому поєднаються моя родина та родина Марії. Та Ангел також сказав Марії, що ця Дитина буде таким великим Царем, що царюватиме довіку.

Тоді я більш не був певен, що можу довіряти Марії – людині, з якою я хотів створити сім'ю. Та саме неймовірне те, що Марія запитала Ангела, як усе це може бути, адже ми ще не були одружені? І Ангел відповів їй, що Дух Святий зробить так, що всередині неї буде рости Дитина. Цьому я вже не міг повірити.

Марія запитала мене, як вона мала вчинити? Вона сказала, що тільки й змогла відповісти Ангелу, що вона раба Господня і нехай все звершиться так, як він їй сказав. Не пам'ятаю, щоб я щось на це відповів. Та й що я міг сказати?

Давай обговоримо

Чи ти коли-небудь бачив Бога чи Ангелів уві сні? Можливо, той, хто читає тобі, може розповісти історію про те, як Бог скеровував його у житті.

16

Послух Йосипа

Ангели реальні! Минулої ночі я ліг спати після того, як спакував речі та приготувався зникнути. Уві сні мені з'явився Ангел та сказав, що я, син Давидів, не повинен боятися залишитись з Марією. Більше того – я повинен стати її чоловіком. Вона має Дитину від Духа Святого, і я маю назвати Його Ісус, бо Він спасе народ Свій від гріха.

Це було дуже моторошно. Я не хочу бути як чоловік Єлисавети – невіруючим, а потім зостатись без голосу або ще щось.

Але найнеймовірніше Ангел сказав наприкінці. Він сказав, що Немовля назвуть Ісус, бо Він спасе народ Свій від гріха. Це може означати тільки одне – ця Дитина і є обіцяний Спаситель. Як Мойсей визволив свій народ з країни рабства та повів в землю обіцяну, так і Це Дитя визволить нас від наших гріхів!

Якщо все це правда, то Дитина Марії буде пророком, на якого всі ми очікуємо від початку створення цього світу, обіцяного Богом ще в Едемському саду!

Давай обговоримо

Чи знаєш ти, що таке гріх?
Та чому так важливо, щоб хтось спас тебе від нього?
Можливо, той, хто читає тобі, допоможе тобі це зрозуміти.

Слухання та виконання

Я зробив це. Я поговорив з Марією. Я розповів їй про те, що бачив Ангела, і про те, що він мені розповів. Я сказав, що тепер вірю їй.

Марія дуже зраділа, коли почула, що я вірю їй і ми можемо одружитися. Це буде особливий час для нас. Ми будемо святкувати цілий тиждень, як і годиться святкувати весілля в моєму народі. А потім Марія та я офіційно станемо чоловіком та дружиною. Таким чином у нашої Дитини буде батько, а у Марії буде чоловік. І люди більше не зможуть сказати нічого поганого про Марію.

Люди все ще будуть це обговорювати, та зараз давайте готуватись до весілля. Ще так багато треба зробити! Треба приготувати достатньо запасів їжі та вина, щоб вистачило на всі ці дні. А ще треба запросити музиків, щоб можна було танцювати. А я маю приготувати місце, де ми з Марією будемо жити разом.

Це буде початком нашої сім'ї. Як я вже казав вам, я маю слухатись Ангела. Я не хочу втратити голос, як це трапилось із чоловіком Єлисавети. Краще я буду вірити і слухатись, і робити все так, як сказав мені Ангел.

Давай обговоримо

Чи подобається тобі слухатись і робити все так, як тобі говорять, навіть якщо зараз це не виглядає досить привабливо? Можливо, той, хто читає тобі, може розповісти про той час, коли він вирішив проявити послух, хоча це і було важко.

ДЕНЬ
9

Новини з Риму

Ми одружені! Але відбувається ще щось. В місто прийшли солдати з Риму. Вони принесли звістку від царя Августа, їх правителя. Це він прислав усіх цих солдат, щоб змусити нас слухатись.

Я пішов до центру міста, щоб дізнатись більше новин. Як правило, нічого доброго з Риму не доводиться чекати. Вони завжди вимагають тільки більше грошей чи більше продуктів, які ми вирощуємо. А зараз вони сповістили про нову ідею царя Августа. Кожен мав йти у те місто, з якого походить його родина, щоб Рим міг порахувати, скільки людей живе в царстві.

Це якесь божевілля! Такі вчинки можуть призвести до біди. Одного разу цар Давид захотів дізнатися, скільки чоловіків живе в його царстві. Але після того, як він порахував усіх чоловіків, Бог послав покарання на людей – і багато померло. Бог забезпечив би перемогу над ворогами не залежно від того, наскільки вони були сильні. Саме тому царю не треба було рахувати, скільки є чоловіків, гідних до війни, а довіряти могутності Бога.

Наказ царя Августа є великою проблемою для нас. Бо наш предок, цар Давид, родом не звідси. Ми з Віфлеєму. Тому зараз нам доведеться вирушити у довгу дорогу до Віфлеєму до того, як у Марії має народитись Дитя.

Давай обговоримо

Чи знаєш ти, звідки походить твоя родина і чому ви живете там, де живете зараз? Можливо, той, хто читає тобі, допоможе відповісти на це запитання.

Дорога до Віфлеєму

Я обговорив усе з Марією. Як я і думав, їй було не легко погодитись з тим, що ми маємо вирушити в таку далеку дорогу до Віфлеєму. Мені не потрібно було пояснювати причину подорожі. Марія знала, що нам доведеться це зробити. Якщо ми не підемо зі своєї волі, то солдати силою примусять нас це зробити. Вона також знала, що в нас не має багато часу на дорогу, бо Дитина може з'явитися по дорозі, якщо ми будемо збиратися занадто довго.

Я розумію, чому Марія була засмучена усім цим. Мені також це не до вподоби – вирушати в далеку дорогу до Віфлеєму тільки тому, що цар Август хоче знати, скільки людей живе на землі, яку він вважає своєю.

Я намагатимуся зробити все можливе, аби полегшити цей шлях для Марії. Я сказав їй, що усе приготую для цієї подорожі, навіть дістану ослика. Не певен, що знайду кого-небудь, хто просто дав би його нам на деякий час. Адже ослики дійсно важливі. Дуже важко купити ослика, але ще важче знайти когось, хто погодився б позичити його вам.

Проте все вийшло! Адже Ця Дитина – від Господа, тому Бог забезпечить нас усім необхідним, щоб дістатись до Віфлеєму. І знаєте що? Це думки Марії, а не мої. Я у захваті від її віри.

Давай обговоримо
Можливо, той, хто читає тобі, може розповісти про той час у своєму житті, коли доводилось йти та робити те, що здавалось неможливим.

ДЕНЬ
10

Пошук прихистку

Ми зробили це! Ну і подорож! Ми навіть не знаємо, як довго нам доведеться залишатися у цьому місці, здається, деякий час ми таки тут побудемо. Вдома про нас говорять не дуже добре через те, що у Марії в животику була Дитина до весілля. Але тут ніхто не знає про це, тай нікому не треба цього знати. Ми одружені, і у нас є родина тут, у Віфлеємі.

Ми майже не мали клопоту по дорозі сюди. Ми розуміли, що нам знадобиться більше часу на дорогу до Віфлеєму. Через цей новий закон, що кожен має йти в те місто, звідки походить його родина, на дорогах було дуже багато людей. Деякі люди якийсь час йшли разом з нами, інші декілька миль допомагали нести наші речі. Головне, що завжди було місце для ночівлі. Я знав, що подолати увесь шлях з Марією буде не легко через Дитя, але ми впорались. Хоча ми й робили все повільніше, ніж ми звикли.

Найбільша несподіванка очікувала нас, коли ми прийшли до Віфлеєму. Там було дуже багато людей. Як я вже казав вам, моя родина велика. І люди звикли приймати в себе когось з родичів, тому завжди мали додаткове місце.

Давай обговоримо

Чи знаєш ти когось, хто шукав місце для життя, та як він знайшов прихисток? Можливо, той, хто читає тобі, може розповісти свою історію, як хтось допоміг йому з цим.

Місце народження

Нарешті ми знайшли, де зупинитися у Віфлеємі! Я такий радий бути разом з родиною! І зараз я розумію, що Дитині настав час народитись. А це не можливо в одній кімнаті з усіма цими людьми.

У моїй культурі усі, хто знаходяться поряд з породіллею, вважаються нечистими. Нечистий не може брати участь ні в яких святах або зібраннях. Тому я хочу попрохати пастухів, що за містом, дозволити нам використати кімнату для ягнят в одній з веж отари для народження Дитини. З такої вежі добре видно усю місцевість, де пасуться вівці. А знизу у вежі є особлива кімната.

До цієї кімнати пастухи приносять усіх овець, які мають привести ягнят. Коли ягнята народжуються, пастухи підхоплюють їх, щоб ягнята навіть не торкнулися землі. Потім пастухи замотують ягнят в пелюшки та кладуть у ясла, щоб вони нічого собі не пошкодили. Пастухи повинні переконатися, що ягнята не мають ніяких недоліків або ушкоджень. А потім з храму приходять священники, щоб обрати досконале ягня для жертви. Ось чому у цій кімнаті завжди тепло та дуже чисто.

Давай обговоримо

Так багато речей мають особливе значення. Чи робиш ти щось, що має особливе значення, наприклад, молишся перед сном чи, коли йдеш до школи? Можливо, той, хто читає тобі, допоможе зрозуміти особливий зміст деяких дій.

Народження Ісуса

Пастухи погодились з нашим планом! Вони розуміють наше становище.

Зараз ми з Марією знаходимось в кімнаті для ягнят під однією з таких веж. Тут дуже чисто. І пастухи мають цілу систему, як обігрівати це приміщення. Я тут усе підготував, а зараз привів сюди і Марію. Схоже, дуже скоро Дитя з'явиться на світ. Марія вже відчуває це. Проте я нічого не взяв, щоб сповити Дитину. Мені дуже прикро! Я мав би про це попіклуватися. Сподіваюсь, Марія візьме ті пелюшки, які вона для цього приготувала. Вона так старанно прикрашала їх символами нашого народу. Вони вийшли дуже гарні. Але навіть якщо вона і забуде, тут є достатньо чистих відрізів тканини.

Ой, зачекайте, здається, почалося! Марія кличе мене! Дитя народжується!

О, яке крихітне Дитятко! Я і забув, якими маленькими можуть бути діти. Це щось неймовірне! Я сповив Його в пелюшки, Він поїв та одразу заснув. Я поклав Його в ясла, де Йому тепло й затишно.

Давай обговоримо

Чи розповідав тобі хто-небудь про те, як ти з'явився на світ? А можливо, ти навіть знаєш, о котрій годині? Можливо, той, хто читає тобі, може розповісти усі подробиці.

Пастухи знаходять Ісуса

Минулої ночі я дуже погано спав. По-перше, я був такий схвильований появою на світ нашого Сина! По-друге, Марії потрібен був відпочинок, тож я намагався не турбувати її.

Трапилось щось неймовірне. Я гадав, що вночі ми добре виспимось. Лише час від часу треба буде годувати нашого Сина. Та ось опівночі, коли я поклав Дитятко у ясла, я почув шум голосів, що наближалися. Я вийшов перевірити, що трапилось, аж раптом був оточений пастухами.

Не знаю, як їм вдалось дізнатись, що наша Дитина вже народилась. Але вони бігли до нас так, немов Немовля було їхнім. Вони сказали, що прийшли побачити Христа – свого Господа та Спасителя, та вклонитися Йому. Тому мені довелося впустити їх до кімнати та піднести світло до голівки нашого Сина.

І тут усі пастухи почали молитись та казати, що все, що сказали їм Ангели – правда. Я не зовсім зрозумів, про що йшла мова, тому просто дозволив їм говорити далі. Пастухи були вдячні, що їх Спаситель нарешті прийшов у цей світ, і що їм першим було дозволено Його побачити.

Ой, я маю йти! Наш Син плаче. Про Ангелів я розповім вам завтра.

Давай обговоримо

Пастухи знайшли Ісуса! Чи радієш ти, коли знаходиш те, що довго шукав? Можливо, той, хто читає тобі, може розповісти, як він знайшов Ісуса. Або як ти можеш це зробити.

ДЕНЬ
15

Пастухи та Ангели

Це неймовірно! Пастухи розповіли мені про те, що опівночі до них прийшли Ангели. Пастухи люблять вигадувати байки, щоб згаяти час. Але не всі пастухи однакові. Дуже давно мій предок, цар Давид, теж був тут пастухом. Коли Давид пас овець, то полюбляв складати і співати пісень.

Ну так ось, коли пастухи охороняли овець, раптом їм з'явився Ангел. Вони дуже злякались, коли побачили перед собою Ангела. Та Ангел сказав їм: «Не лякайтесь! Я сповіщаю вам велику радість, що станеться усім людям. Бо сьогодні в Давидовим місті народився для вас Спаситель, Який є Христос Господь. А ось вам ознака: Дитину сповиту ви знайдете, що в яслах лежатиме».

Такими були слова Ангела, і тому пастухи були певні, що це саме наш Син, адже ми сповили Його та поклали в ясла.

А потім раптом з'явився цілий хор Ангелів. Вони співали: «Слава Богу на висоті, і на землі мир, у людях добра воля!»

Давай обговоримо

Звістка Ангелів була великою новиною! Можливо, той, хто читає тоді, може розповісти про те, як він отримав важливу новину та що він при цьому відчував.

Пастухи та Пасхальний Агнець

Чи пам'ятаєте, що Ангел сказав пастухам? «Сьогодні народився вам в Віфлеємі Спаситель. Він є Христос Господь». Поступово вони зрозуміли, що ці слова мають глибокий зміст.

Ангел сказав їм, що вони знайдуть Дитину сповиту, що в яслах лежатиме. Ці слова нагадали їм тих ягнят, що народжуються саме в цій кімнаті. І кожного року з храму приходить Першосвященник, щоб обрати досконале ягня без жодної вади. Це ягня стане Пасхальним Агнцем.

Під час свята Пасхи ми згадуємо останню ніч мого народу в Єгипті, де вони були рабами. Тієї ночі кожен повинен був взяти досконале ягня, зарізіти його, приготувати та з'їсти, а кров'ю помазати одвірки. До всіх, хто не зробив цього, приходив Ангел і приносив смерть первістку в домі. Помер навіть син єгипетського фараона, але це допомогло моєму народу вийти з Єгипту.

Це жахлива історія. Проте ми щорічно згадуємо її, тому що Бог врятував мій народ. Кров агнців врятувала мій народ в Єгипті. А тепер інший Спаситель лежав сповитий. Цього разу – не ягня, а маленька людина.

Давай обговоримо

Чи думав ти коли-небудь, чому ти робиш певні речі, наприклад, запалюєш свічки на Різдво? Можливо, той, хто читає тобі, може навести ще приклади.

Пастухи йдуть на поклик

Пастухи прийшли до нас опівночі та хотіли побачити Ісуса. Він лежав у яслах, сповитий точнісінько так, як їхні ягнята. А потім вони впали ницьма і дякували Богу за те, що Він послав на землю нашого Сина – їхнього Спасителя.

Пастухи пішли і усім, кого зустрічали, розповідали, що знайшли Спасителя. Вони й досі говорять про прихід Ангелів та їхнє послання. Пастухи усім розповідають про Пасхального Агнця і про те, як це пов'язано з нашим Сином.

Пастухи також почали говорити про Писання, що всі ми їх добре знаємо. В одному з них говориться, що пророк, якого ми всі чекаємо, зробить більше див, ніж Мойсей. Ще вони згадували пісню, яку цар Давид склав про Спасителя: "І буде Він , мов дерево, біля потоку води посаджене, що приносить плід свій свого часу, і листя котрого не в'яне; і в усьому, що Він чинить, Йому щастить. І буде Він сміливим та мужнім, і збудує Він нове царство".

Усі Писання говорять про Спасителя, що прийде. Що ж трапиться, якщо пастухи не замовкнуть? Можливо, усі будуть вважати їх божевільними і не стануть навіть більше слухати.

Давай обговоримо

Чи доводилось тобі отримувати такі чудові новини, що ти безперестанку говорив про них, і дякував Богу? Можливо, той, хто читає тобі, може поділитись з тобою таким випадком.

Знак

Нашому Сину зараз виповнилось сім днів, і ми готуємось до особливої події, яка відбудеться завтра. На восьмий день ми зробимо нашій Дитині обрізання. Я знаю, що це дивне слово. Але це означає, що наш Син буде мати ознаку належності до нашого народу – народу, обранного Богом. Для цього потрібно відрізати трішки Його шкіри. Тоді Він завжди буде пам'ятати про Свою належність.

Звичайно, Він не буде пам'ятати саме цей день. Кожного разу, коли Він бачитиме нестачу шкіри, то буде згадувати про належність до нашого народу. Цю ознаку Бог повелів мати нашому предку Аврааму та усім його нащадкам для того, щоб ми пам'ятали про нашу належність Богу. Тільки хлопчики будуть мати таку ознаку.

Також у цей час ми даємо імена новонародженим хлопчикам. Ангел сказав нам, що ми повинні назвати свого Сина Ісус, тому що Він врятує народ Свій від гріха. Схоже, що Ісус зробить великі зміни у людях. Але не цей раз відмінністю буде не зрізана шкіра, а оновлене серце спасенної від гріха людини. Цього разу це вже будуть не тільки хлопчики, але усі люди!

Давай обговоримо

Чи святкуєте ви якось по-особливому нарождення дитини чи вибір її імені? Можливо, той, хто читає тобі, може розповісти, як обирали твоє ім'я.

ДЕНЬ
18

Ісуса приносять до храму

Ми пішли до храму в Єрусалимі принести жертву, щоб Марія знову вважалася чистою. У нас не було ягняти, тому ми принесли пару голубів. А ще ми заплатили п'ять шекелів срібла, бо Ісус наш первісток.

З народженням первістка пов'язано дуже багато. Він належить Богу, тому має бути викуплений у храмі. Ми також повинні пам'ятати про загибель первістків Єгипту перед виходом наших предків, тому що Єгиптяни не послухались повеління Бога і не помазали одвірки кров'ю ягняти.

Коли ми були у храмі, до нас підійшли старець та літня жінка. Бог обіцяв їм, що вони не помруть, аж доки не побачать Спасителя. Принаймні, Семену дійсно була дана така обітниця. Семен сказав те, що дуже здивувало мене та Марію. Він сказав, що Бог нині відпускає його померти, бо нарешті він побачив спасіння від гріха, що його Бог приготував для всіх народів – для народу Ізраїля та для усіх інших націй!

Ну ось, тепер Марія вважається чистою і ми можемо повертатися до Віфлеєму. Цікаво, що ще може трапитись, і кого ще ми можемо зустріти?!

Давай обговоримо

Чи знаєш ти, що у кожної людини на цій землі є своя мета? Так само, як старець Семен зауважив мету життя Ісуса. Можливо, той, хто читає тобі, допоможе знайти мету твого життя.

Прихід мудреців

Ісус вже починає потроху ходити. А до Віфлеєму цими днями прийшов великий натовп народу. Вони сказали мені, що прибули далеко зі Сходу, щоб вклонитися новонародженному Царю. Зоря привела їх до нашого дому, тому вони були певні, що Цар народився тут.

Коли я почув це, то згадав пастухів, які приходили побачити новонародженного Ісуса. Цікаво, хто наступний прийде вклонитися Ісусу?

Усі гості зайшли у дім, бо вони дійсно хотіли побачити Ісуса. І знаєте що? Вони почали вклонятися Ісусу так само, як це робили пастухи!

Можливо, нам треба нагадувати про те, ким насправді є наш Син Ісус. Адже ці люди дійсно дуже поважні. Це мудреці, що допомагають своєму царю приймати правильні рішення. Тому вони прийшли з озброєною охороною та багатьма помічниками.

Їх мандрівка не випадкове рішення. Ці люди прийшли тому, що їх цар дозволив їм, вважаючи це дуже важливим. І все це через зорю, яку вони ніколи не бачили раніше. Ця зоря була настільки важливою, що вони повинні були дізнатися про її значення. Ось чому вони тут.

Давай обговоримо

Народження дитини — завжди велика радість. Можливо, той, хто читає тобі, може розповісти, хто приходив побачити тебе, коли ти народився?

ДЕНЬ
20

Зоря

Я почав розпитувати мудреців про цю зорю, бо знав тільки історію про зорі від нашого батька Авраама. Бог обіцяв Аврааму, що колись його нащадків буде стільки, скільки зірок на небі. І ось зараз одна з цих зірок стала такою особливою для мудреців!

Коли мудреці побачили цю зорю на небі, вона не була схожа на всі інші зорі. Це була особлива зоря, якої вони досі ніколи не бачили. Тому вони почали вивчати різноманітні писання, чи не знайдуть десь згадку про появу такої зорі.

І ось одного разу вони натрапили на Писання мого народу, в якому говорилось: «Сходить Зоря від Якова і повстає жезло від Ізраїля». Ось чому вони почали думати про Ізраїль. Вони прочитали, що Юда, одне з колін Ізраїлю, буде тримати жезло, що означає – буде Царем. Як тільки вони це зрозуміли, то зібрались у подорож до Єрусалиму, столиці Юдеї.

Коли мудреці вийшли з Єрусалиму, вони знову побачили зорю. Ту ж саму зорю, що вони бачили у себе на батьківщині. Через цю зорю вони й прийшли сюди.

Давай обговоримо
Хіба ж не цікаво, що може бути тим,
що приведете тебе до когось особливого – до Ісуса?
Можливо, той, хто читає тобі, може розповісти історію
про те, як він знайшов щось або когось особливого.

Дари

Мудреці сказали мені, що ніде і ніколи раніше не згадувалось про таку зорю. Побачити таку зорю було справжнім дивом. Тому для них було зрозуміло, що ця зоря сповіщає про народження Царя або навіть про щось більше.

Ось чому вони принесли нам три особливі дари. Перший подарунок – золото, що символізує царську владу. Другий подарунок – ладан, що його священники використовують у храмі, щоб надати хлібній жертві аромату, зробивши її приємною для Бога. І третій подарунок – смирна. Я не зовсім зрозумів, для чого вони принесли цей дар. Зазвичай смирну використовують для того, щоб приготувати тіло людини до поховання.

Мудреці прийшли здалека і були у дорозі багато днів. Їхньому цареві було нелегко дати дозвіл на таку подорож – з великою кількістю озброєної охорони та численними слугами. Проте як тільки мудреці розповіли царю про дивовижну зорю – він одразу погодився. Вони прийшли та принесли Ісусу ці особливі дари, які вказували на те, що очікує Його у майбутньому житті.

Давай обговоримо

Чи знаєш ти, що, можливо, завдяки мудрецям у нас з'явилась традиція дарувати один одному подарунки на Різдво? Їхні подарунки мали особливе значення. А яке значення мають твої подарунки? Можливо, той, хто читає, допоможе тобі зробити подарунок з особливим значенням.

ДЕНЬ
22

Ірод

Мудреці не пішли одразу до Віфлеєму. Спочатку вони зупинились в Єрусалимі. Гадаю, тому що за всіх часів усі наші царі жили саме там.

Вони розповіли мені, що пішли прямо до Ірода, правителя цієї землі, і спитали про новонароджене Немовля. Ірод нікому не дозволить бути царем, окрім себе. Аж ось приходять ці поважні люди, подолавши такий довгий шлях, з думкою, що є інший Цар!

Тому цар Ірод покликав вчителів Писання та спитав у них, чи є де спомин про місце народження Христа. І наші вчителі відповіли йому, що Віфлеєм, в землі Юди, дуже важливе місто, бо з нього вийде Цар, Котрий буде Пастирем Божого народу. Це було записано пророком Михеєм за сімсот років до народження Ісуса.

Ірод таємно закликав мудреців та хотів вивідати у них про той час, коли вперше з'явилась зоря. Він попросив їх повернутися, коли вони знайдуть Ісуса, щоб і він міг піти і принести Йому дари. Невже Ірод і справді збирався прийти і подивитися на Ісуса?

Давай обговоримо

Чи легко вірити таким Писанням, як Послання Михея? Слова Михея були записані за сімсот років до народження Ісуса. Можливо, той, хто читає тобі, може розповісти тобі про інші обітниці, які є у Писанні.

Сни

Мудреці збирають свої речі та готуються вирушати у дорогу. Вони щойно сказали мені, що бачили особливий сон. Мудреці зрозуміли це як застереження не повертатися назад до Ірода і не розповідати йому, де він може знайти Ісуса.

Ірод ясно дав їм зрозуміти, що хоче дізнатися, де народилась царська Дитина, тому дав мудрецям завдання знайти та зібрати всю інформацію про Неї.

Я також бачив сон. Мені з'явився Ангел і сказав: «Уставай, візми Ісуса та Марію, і втікай до Єгипту. Зоставайся там, аж поки не скажу тобі повернутися, бо Ірод шукатиме Ісуса, щоб погубити Його».

Ось чому Марія, Ісус і я йдемо до Єгипту. Ми нікому про це не говоримо – маємо втікати дуже швидко. Я дуже радий, що мудреці принесли нам дари. Вони допоможуть нам прожити, поки ми будемо переховуватись у Єгипті. Це нагадує мені Авраама чи Якова, коли вони йшли до Єгипту, щоб урятуватись.

Можливо, ми маємо йти до Єгипту, бо так говорять Писання – в одному з них написано, що Бог покличе Сина Свого з Єгипту. Так записав пророк Осія, також за сімсот років до народження Ісуса.

Сподіваюсь, що ніхто не знає про нашу втечу до Єгипту.

Давай обговоримо

Тікати нікому не подобається. Чи доводилось тобі коли-небудь тікати від когось? Можливо, той, хто читає тобі, може поділитись такою ситуацією.

ДЕНЬ
25

Повернення у місто

Ми довгий час лишались у Єгипті, але зараз вже повернулись в Ізраїль.

Можливо, ви поцікавитесь, чому ми зараз у Назареті, а не у Віфлеємі. Що ж, після нашої втечі у Віфлеємі були важкі часи через Ірода, і ми не хотіли бути нагадуванням про ті події. Земля, де ми наразі знаходимось, не підвладна сину царя Ірода, котрий став правити після свого батька. Він став царем тієї ж землі, що й його батько. Проте найголовніше – ми послухалися попередження Ангела, що ми повинні оселитися саме тут, а не у Віфлеємі.

Коли ми були ще у Єгипті, мені з'явився Ангел і сказав: «Уставай, візьми Дитятко та Матір Його, та повертайся в Ізраїль». Ми не знали, що Ірод помер, але ми повинні були виконувати те, що сказав нам Ангел. Я дуже злякався, коли ми близько підійшли до Віфлеєму та дізнались, що царем став син Ірода. Тоді Ангел знову з'явився нам і наказав йти до Назарету.

Оце так подорож! Почалося все в Назареті зі звернення Ангела до Марії, і ось ми повернулися в Назарет, бо так нам сказав Ангел. Вважаю, цьому є причина, можливо, наступне Писання про Ісуса Христа як Спасителя. Просто неймовірно, скільки Писань говорять про прихід Спасителя! Здається, один вчитель казав мені, що їх приблизно від 350 до 500. Ось подивимось, чи всі вони здійсняться. Тож не дивно, що Бог мав послати Ангелів, щоб усе відбувалось саме так, як написано. Ось чому ми можемо довіряти тому, про що говорять Писання!

Давай обговоримо

Вірити в те, що Ісус – Спаситель, обіцяний багато віків тому, було нелегко у ті часи, як нелегко і зараз. Чи хотів би ти пізнати Ісуса? Можливо, той, хто читає тобі, може тобі у цьому допомогти. Але навіть якщо ти не знайдеш таку людину, то попроси Бога допомогти тобі пізнати Його Сина Ісуса Христа. Він обов'язково пошле тобі допомогу.

Післямова

Ісус повернувся з Єгипту до Ізраїля. Коли Йому було приблизно тридцять років, Він почав Своє служіння, проголошуючи, що наблизилось Царство Боже. Він ходив та навчав, і творив багато чудес, тому люди починали вірити, що Він є обіцяний пророк, подібний до Мойсея.

Ісус вибрав дванадцять учнів та Сам навчав їх з юдейських Писань про те, що має статися. Він пояснював, що все, про що говорять Писання, має здійснитись. В них говориться, що Спаситель буде страждати і воскресне на третій день, і буде проповідано в ім'я Його усім народам, починаючи з Єрусалиму.

Інший автор, Апостол Павло, писав юнаку на ім'я Тимофій, що Писання, які він знає з дитинства, можуть допомогти йому зрозуміти, як спастися через віру в Ісуса Христа.

Ісус прийшов, щоб усі ми були спасенні, щоб розуміли великий Божий план, і повірили в Сина Його Ісуса Христа. Нам потрібно просити Небесного Батька допомоги в тому, щоб через тексти Писання зрозуміти, чому Ісус мав прийти, і чому Він наш Спаситель. Ісус – Син Божий, і Він єдиний шлях до Бога Отця. Кожен, хто вірить у Нього, буде мати вічне життя.

Дякую за читання. Нехай Бог Отець приведе вас ближче до Ісуса Христа, щоб ви змогли повірити, отримати Духа Святого та мати вічне життя з Богом Отцем на небесах! До зустрічі там!

Примітки

ДЕНЬ 1   Йосип
+ **Матвія 1:1-17** показує обіцяний родовід через Йосипа
+ **1-ша Книга Царів 10:23-29** невеликий опис статків та влади царя Соломона

ДЕНЬ 2   Марія
+ **Луки 3:23-38** вважається родоводом по лінії Марії

ДЕНЬ 3   Єлисавета
+ **Луки 1:1-23** оповідає про розмову Захарія з Ангелом у храмі
+ **Луки 1:36-40** говорить про те, що Марія пішла провідати свою двоюрідну сестру Єлисавету

ДЕНЬ 4   Повернення Марії
+ **Луки 1:57** розповідає про те, як Захарій знову почав говорити
+ **Буття 16:1-2** Аврам послухався поради своєї дружин замість того, щоб довіритися Божим обітницям, як було раніше

ДЕНЬ 5   Марія очікує Дитину
+ **Матвія 1:18-19** говорить про те, що Йосип хотів таємно розлучитися з Марією

ДЕНЬ 6   Марія розповідає свою історію
+ **Луки 1:26-39** описує те, як Ангел прийшов до Марії

ДЕНЬ 7   Послух Йосипа
+ **Матвія 1:20-23** розповідає про Ангела, що прийшов до Йосипа

- **Повторення Закону 34:10-12, Дії 3:22, Дії 7:37** говорить про те, що не було більше в Ізраїля Пророка, як Мойсей
- **Вихід 3:6-10, Вихід 12:50-51, Вихід 14:28-31, Повторення Закону 34:1-4** розповідають про те, як Бог використав Мойсея, щоб звільнити Свій народ з Єгипту та вести його в Землю Обіцяну

ДЕНЬ 8 Слухання та виконання
- **Матвія 1:24-25** показує, що Йосип зробив саме так, як сказав йому Ангел Господній
- **Івана 8:31-42** фарисеї сперичаються з Ісусом про те, хто є їхнім та Його батьком

ДЕНЬ 9 Новини з Риму
- **Луки 2:1-3** говорить про наказ царя Августа зробити перепис по всій землі
- **2-га Книга Самуїла 24:10-17** розповідає про те, як цар Давид, всупереч волі Бога, вирішив порахувати своїх воїнів, за що 70 000 населення загинуло від чуми

ДЕНЬ 10 Дорога до Віфлеєму
- **Левит 12:6-8** якщо люди не мали змоги принести у жертву ягня, то вони могли принести двох голубів
- **Луки 2:24** Йосип та Марія принесли для жертви двох голубів, що говорить про те, що вони, скоріш за все, були бідні і не могли дозволити собі їхати на ослику

ДЕНЬ 11 Пошук прихистку
- **Луки 2:6-7** слово «заїзд» також має переклад «кімната для гостей». Звісно, коли поруч є родина чи друзі родини, то завжди можна зупинитись у них, але не було окремої кімнати для народження Дитини Марії, інакше це зробило б усіх присутніх «нечистими»

ДЕНЬ 12　Місце народження
✦ **Михея 4:8** згадує «вежу отари», до якої повернеться колишнє володарювання Єрусалиму

ДЕНЬ 13　Народження Ісуса
✦ **Луки 2:7** говорить про народження Ісуса, що Він був сповитий та покладений у ясла

ДЕНЬ 14　Пастухи знаходять Ісуса
✦ **Луки 2:15-17** розповідає, як пастухи хочуть побачити Ісуса, що лежить у яслах

ДЕНЬ 15　Пастухи та Ангели
✦ **Луки 2:8-14** описує, як Ангели з'явились пастухам

ДЕНЬ 16　Пастухи та Пасхальний Агнець
✦ **Вихід 12:21-32** розповідає про першу Пасху в Єгипті

ДЕНЬ 17　Пастухи йдуть на поклик
✦ **Луки 2:17-20** говорить про те, як усі дивуються розповіді пастухів, а Марія зберігала усе почуте у своєму серці
✦ **Повторення Закону 34:10-12** говорить про те, що не було більше в Ізраїля пророка такого, як Мойсей
✦ **Псалом 1** дозволяє нам побачити досконалу людину, що живе за Писанням (В юдейській культурі традиційно вважається Місіанським Псалмом. Прим.)

ДЕНЬ 18　Знак
✦ **Луки 2:21** говорить про обрізання Ісуса та об'явлення Його імені
✦ **Буття 17:9-14** повеління Бога Аврааму робити обрізання усім його нащадкам, як ознаки заповіту з Богом

ДЕНЬ 19   Ісуса приносять у храм

+ **Луки 2:22-38** розповідає про візит до храму для очищення та явлення первістка перед Господом
+ **Левит 12:1-8** оповідає про процес очищення жінки після народження дитини, щоб вона знову вважалась «чистою»
+ **Вихід 13:11-16, Числа 3:11-13, Числа 18:15-16** говорять про те, що первісток належить Богу і має бути викуплений за певну ціну

ДЕНЬ 20   Прихід мудреців

+ **Матвія 2:1-2, Матвія 2:9-11** розповідають, як мудреці прийшли вклонитися Царю

ДЕНЬ 21   Зоря

+ **Матвія 2:2, Матвія 2:9-10** поява зорі
+ **Буття 15:5-6** говорить про обітницю Бога дати Аврааму нащадків, як зірок на небі
+ **Числа 24:17** говорить про Зорю, що сходить від Якова, та жезл, що повстає від Ізраїля
+ **Буття 49:10** перша обітниця, що вказує на те, що Ісус буде походити з плем'я Юди

ДЕНЬ 22   Дари

+ **Матвія 2:11** описує дари, що їх принесли мудреці Ісусу

ДЕНЬ 23   Ірод

+ **Матвія 2:1-8** говорить про розмову мудреців з Іродом в Єрусалимі
+ **Михея 5:2** текст, на який посилається Матвій, описуючи розмову Ірода та мудреців про місце народження Ісуса

ДЕНЬ 24   Сни

+ **Матвія 2:12-15** говорить про втечу Йосипа, Марії та Ісуса до Єгипту

- ✦ **Осії 11:1** текст, на який посилається Матвій, що говорить про те, що Бог з Єгипту покличе Сина Свого

ДЕНЬ 25 Повернення до міста
- ✦ **Матвія 2:16-23** говорить про вбивство Іродом усіх дітей у Віфлеємі та поверненні Йосипа, Марії та Ісуса до Назарету

ПІСЛЯМОВА
- ✦ **Євангелія від Матвія, Марка, Луки та Івана** розповідають про служіння Ісуса Христа
- ✦ **Луки 24:44** Ісус навчає про те, що усе сказане у Писанні має збутися
- ✦ **2-ге Тимофія 3:15** говорить про Святе Письмо, що дає людям мудрість для спасіння
- ✦ **Івана 3:16** Ісус говорить про те, що усякий, віруючий в Ного, буде мати вічне життя
- ✦ **Дії 10:43** пояснюють, що усякий, віруючий в Ісуса Христа, буде мати прощення гріхів через віру в Нього

Дізнатись більше

Щоб дізнатись більше про наші переклади, замовити більше книжок, зробити подарунок для біженців та інше, завітайте до нашого вебсайту:

www.schaeferbooks.com

Подяка

Моїй дружині Боніті, що посіяла зерна.

Моїм племінницям, що надихнули цю книгу.

Усім у Siretona Creative та Nestbuilders , хто допоміг зробити цю книгу такою, як вона є зараз.

Кайлі Вібе за її мистецтво та терпіння до моїх ідей.

Моїм двом синам, котрі з року в рік слухали читання цієї книги.

Друзям та родичам, котрі підтримували та підбадьорювали на цьому шляху.

Усім перекладачам та редакторам, котрі допомагали мені і будуть ще допомагати з перекладами книги на інші мови.